AF357778

VENTE

Du Samedi 10 Mars 1894

A DEUX HEURES ET DEMIE

HOTEL DROUOT, SALLE N° 7

Collection de M. M***

TABLEAUX ANCIENS

LIVRES

EXPOSITION PUBLIQUE

Le Vendredi 9 Mars 1894, de 1 heure à 5 heures 1/2

COMMISSAIRE-PRISEUR	EXPERT
Mᵉ Octave NOTTIN	**M. Eug. FÉRAL**, peintre
Rue Saint-Georges, 6	Faubourg Montmartre, 54

PARIS — 1894

CATALOGUE

DE

TABLEAUX ANCIENS

PAR OU D'APRÈS

**Berghem, Boucher, Bout, Breughel, Bril, Cazin
De Heem, De Marne, Dietrich
Grieff, Kessel, Lancret, Largillière, Leclerc des Gobelins
Le Prince, Louterbourg, Molenaert
Pater, Potter, Roos, Senave, Steen, Swebach
Simon Vouët, etc.**

LIVRES

DONT LA VENTE AURA LIEU

HOTEL DROUOT, SALLE N° 7

Le Samedi 10 Mars 1894

A DEUX HEURES ET DEMIE

Par le ministère de **Me Octave NOTTIN**, Commis^{re}-Priseur
rue Saint-Georges, 6
Assisté de **M. Eugène FÉRAL,** Peintre-Expert
faubourg Montmartre, 54
CHEZ LESQUELS SE TROUVE LE PRÉSENT CATALOGUE

EXPOSITION PUBLIQUE

Le Vendredi 9 Mars 1894, de 1 heure à 5 heures 1/2

PARIS — 1894

CONDITIONS DE LA VENTE

—

Elle sera faite au comptant.

Les Acquéreurs paieront CINQ POUR CENT en sus des enchères.

A. Maulde et Cie, imprimeurs de la Cie des Commissaires-Priseurs,
rue de Rivoli, 144.   450—40554

Désignation

TABLEAUX

ALBANE (Attribué à)

1 — La Vierge, l'Enfant Jésus et des Anges.

Peinture sur cuivre dans un très beau cadre en bois sculpté.

BERGHEM (Genre de)

2 — L'Abreuvoir.

BERRÉ

3 — Animaux dans un pâturage.

Signé et daté.

BERRÉ

4 — Petite Bergère conduisant des animaux.

BILCOQ (D'après)

5 — La jeune Ménagère.

BOUCHER (D'après F.)

6 — Pastorale et Bergère se reposant auprès d'une fontaine.

Deux pendants.
Deux petites peintures sur cuivre.

BOUCHER (D'après F.)

7 — La Bergère endormie et le Chien savant.

Deux petites peintures sur cuivre.

BOUT

8 — Une École de village.

BREUGHEL (D'après Jan)

9 — Paysages avec rivières et nombreux villageois au premier plan.

Deux pendants.

BRIL (Paul)

10 — Intérieur de forêt avec chasseurs au premier
plan.

>Cuivre.

BRUANDET

11 — Chemin dans la forêt.

>Une jeune femme et un cavalier sont suivis
>d'un garde.

>Signé en toutes lettres et daté 1646.

BRUANDET

12 — Baigneuses sous bois.

BRUANDET

13 — Paysage avec villageois causant au bord
d'un chemin.

CAZIN

14 — Paysage avec figures.

>Une jeune femme, montée sur un cheval
>demande son chemin à un berger.

>Signé.

CLAUDE LORRAIN (Genre de)

15 — Paysage avec temple, figures et animaux.

Toile de forme ronde.

COIGNARD (Léon)

16 — Le Retour du marché.

COIGNARD (L.)

17 — Coq et Poules dans un paysage.

DE HEEM (Attribué à David)

18 — Fruits posés sur une table.

DE MARNE (Genre de Louis)

19 — Paysage avec Rochers et Cours d'eau tombant en cascades.

A gauche, une bergère et des moutons.

DE MARNE (Genre de L.)

20 — Berger et Animaux au repos.

DEMAY

21 — Animaux au pàturage sous la garde de deux bergers.

Signé.

DIETRICH

22 — Paysages montueux avec rivière.

Deux pendants.
Au premier plan, des figures et des animaux.

DYCK (D'après Ant. Van)

23 — Le Repos de la sainte Famille.

GRAFF

24 — Le Marchand de gibier.

La Marchande de légumes.

Deux pendants.

GRIEFF

25 — Chasseur donnant du cor; Chiens et Gibier.

GRIEFF

26 — Chiens gardant du gibier.

GRIEFF

27 — Gibier et Ustensiles de chasse sous la garde
de plusieurs chiens.

GRIEFF

28 — Oiseaux morts gardés par des chiens.

GRIEFF (Genre de)

29 — Chiens et Gibier.

Deux pendants.

KESSEL (J. Van)

30 — Fruits et Fleurs dans des corbeilles.

Deux pendants.

Peintures sur cuivre, cadres en bois sculpté.

LANCRET (Genre de N.)

31 — Personnages causant sous le péristyle d'un
palais,

LARGILLIERE

32 — Une Famille sous Louis XIV.

Esquisse.

LECLERC DES GOBELINS

33 — Assemblée galante dans un parc.

Gracieuse composition, dans la manière de Pater.

Cuivre.

LE PRINCE (Genre de)

34 — Le Déjeuner des villageois.

Petite peinture sur bois.

LOUTERBOURG

35 — Le Passage du gué.

Gracieuse et spirituelle composition.

LOUTERBOURG (Genre de).

36 — Les joyeux Convives.

Panneau de forme ovale.

MICHAU (Tʜ.)

37 — Paysages accidentés avec rivières et chemins sinueux, des cavaliers et des villageois.

Deux pendants.

MIERIS (D'après W.)

38 — La Marchande de volaille.

MOLENAERT

39 — Les Joueurs de cartes.

Fin et spirituel petit tableau.

MOLENAERT

40 — Paysage avec cavaliers montés sur un monticule.

PATER (J.-B.)

41 — Le Nid d'Oiseaux.

Fine peinture sur cuivre.

POTTER (Pɪᴇʀʀᴇ)

42 — Le Partage du Butin.

Des soldats, campés dans une grotte, gardent des prisonniers, examinant des vases d'or et des bijoux cachés dans un coffre.

ROOS

43 — Animaux dans un paysage.

Effet de soleil couchant.

SCHOEVAERDTS

44 — Nombreux Personnages, Voitures, Cavaliers, etc.

Deux pendants.

SCHOEVAERDTS

45 — Église de village, avec nombreux villageois
sur une place.

SENAVE

46 — La Marchande de Gimblettes.

STEEN (Attribué à JAN)

47 — Le Peseur d'or.

STEEN (Attribué à JAN)

48 — Villageois buvant et dansant dans un cabaret.

SWAGERS

49 — Le Matin et le Soir.

> Deux pendants.
>
> Dans l'un, une bergère est occupée à traire une vache. Dans l'autre, une paysanne cause avec un homme monté dans un bateau.

SWANEVELDT (Genre de HERMAN)

50 — Paysage avec figures.

> Effet de soleil couchant.

SWEBACH

51 — Armée en marche.

> Important tableau de l'artiste.
> Signé et daté.

SWEBACH

52 — Chasseurs faisant halte à l'entrée d'un bois.

TÉNIERS (Genre de D.)

53 — Servante occupée à plumer des volailles.

TOURNEUVE (EUG.)

54 — La Mère et les Enfants.

VALENCIENNES

55 — Paysage coupé par une rivière. Dans le fond, un temple.

VOUET (Simon)

56 — Sainte Geneviève.

> Fine peinture sur bois.

WOUVERMAN (D'après)

57 — Cavaliers se disposant à partir pour la chasse.

ZORG (Attribué à)

58 — La Ménagère hollandaise.

ÉCOLE FRANÇAISE

59 — Jeune Homme et jeune Fille assis dans un paysage.

ÉCOLE FRANÇAISE

60 — Cavalier se faisant servir à boire devant une chaumière.

ÉCOLE FRANÇAISE

61 — Sujets galants.

> Deux pendants.

ÉCOLE FRANÇAISE

62 — Paysages avec rochers et cours d'eau.

> Deux pendants.
> Deux petits panneaux de forme ovale.

ÉCOLE FRANÇAISE

63 — Jeune Femme portant un manteau rose et tenant un masque.

> Miniature dans un cadre en bois sculpté.

ÉCOLE HOLLANDAISE

64 — La Toilette de la Mariée.

ÉCOLE HOLLANDAISE

65 — Jeune Homme montrant un portrait.

ÉCOLE HOLLANDAISE

66 — Femmes et Villageois dans un cabaret.

ÉCOLE HOLLANDAISE

67 — Animaux au repos sous la garde d'une bergère.

ÉCOLE HOLLANDAISE

68 — Paysage avec rochers et bouquet d'arbres au centre.

ÉCOLE ITALIENNE

69 — Sainte Véronique.

ÉCOLE MODERNE

70 — La jolie Cuisinière.

Les Amants.

Deux pendants.

ÉCOLE MODERNE

71 — Portrait de jeune Fille.

Esquisse.

ÉCOLE MODERNE

72 — La Leçon de broderie, d'après CHARDIN, et la Convalescence, d'après JEAURAT.

Deux pendants.

Aquarelles.

MOINE (Antonin)

73 — Paysage accidenté avec Figures et Animaux.

Pastel. Signé.

74 — Un Christ en ivoire, dans un cadre du temps de Louis XIV, en bois sculpté.

75 — **Environ 600 Volumes reliés :**

Œuvres de Voltaire, 1785, figures de Moreau. — Œuvres de Racine, figures de Le Barbier, avant la lettre. — Œuvres de Buffon, 80 vol. in-18, figures coloriées. — Œuvres de Walter Scott, édition Gosselin, 84 vol. in-18.—Œuvres de J.-J. Rousseau, 1790, 37 vol. reliés en maroquin ancien, figures de Moreau. — Œuvres de Plutarque, Boileau, Montesquieu, Rollin, Barante, Sismondi, etc. — Livres illustrés.